Inhalt

Machtgerangel - Im Kampf um Einfluss wird der CIO gegen den CMO wohl den Kürzeren ziehen

Kernthesen

Beitrag

Fallbeispiele

Weiterführende Literatur

Impressum

Machtgerangel - Im Kampf um Einfluss wird der CIO gegen den CMO wohl den Kürzeren ziehen

Harald Reil

Kernthesen

- Die digitale Revolution macht eine engere Zusammenarbeit zwischen CMO und CIO notwendig.
- Analysten sagen voraus, dass dem CIO bei dieser Kooperation die Rolle des Zuarbeiters zufallen wird.
- Der CEO wird daher tendenziell auch eher den Ratschlägen des CMOs als jenes des CIOs folgen.

- Der Machtverlust des CIOs kann zu Spannungen führen, die sich negativ auf den Unternehmenserfolg auswirken.
- Es wird daher darauf ankommen, die Reibungsflächen zwischen beiden Parteien zu minimieren.
- Ein CDO könnte Abhilfe schaffen. Der Chief Digital Officer vereint Marketing- und IT-Kenntnisse.
- Noch haben diese Spezialisten allerdings Seltenheitswert.

Beitrag

Eine neue Allianz bahnt sich an

Es ist noch gar nicht so lange her, da galt die enge Kooperation zwischen Marketing- und Vertriebsabteilung als ideale symbiotische Verbindung. Zwar war das Zusammenleben wie in jeder Beziehung nicht immer leicht, doch das gemeinsame Ziel vereinte sie nichtsdestotrotz. Die Marketeers entwickelten Kampagnen, mit deren Hilfe die Vertriebsspezialisten den Verkauf ankurbeln konnten. Aufgrund der rasanten Entwicklung der neuen Informations- und Kommunikationstechnologien und der damit verbundenen wachsenden Datenflut, die die Grundlage neuer Marketingstrategien bildet, scheint sich diese mehr oder minder glückliche Symbiose allerdings zu lockern und langsam einer neuen Allianz Platz zu machen. In Zukunft werden wohl CMOs und CIOs und damit natürlich auch ihre respektiven Abteilungen enger zusammenarbeiten müssen, will das Unternehmen weiter erfolgreich sein. (1), (10), (11)

Produktive Spannung

Die Betonung liegt auf dem Wort "müssen", denn im Grunde sprechen CMO und CIO nicht nur eine andere Sprache, sie arbeiten und denken auch unterschiedlich. Der Konflikt zwischen beiden Parteien scheint also programmiert, auch wenn es Kommentatoren gibt, die die Spannung für positiv halten. Marketeers, so argumentieren sie, preschen oft gerne voran und treffen Entscheidungen aus dem Bauch heraus, während CIOs kühler und analytischer denken, daher auch gerne bedächtiger agieren und die Sicherheit in den Vordergrund rücken. Die Kunst liege daher darin, diese Differenzen in den Griff zu bekommen und sie produktiv zu nutzen. Konkret bedeutet dies, dass sich Marketeers vermehrt auf die Analysequalitäten der IT-Fachleute stützen, um mögliche Streuverluste ihrer Kampagnen zu minimieren, während sich die Techniker von den Chancen, die sich aus ihrem Daten-Know-how ergeben, überzeugen lassen. (2), (3)

Neidfaktor als Gefahr

Die Frage ist jedoch, wer in dieser Beziehung der Stärkere sein wird. Es gibt Stimmen, die behaupten, dass die CMOs eindeutig die Nase vorn haben werden. Es gibt sogar Untersuchungen, die glauben, belegen zu können, dass die IT-Budgets, die CMOs verwalten, schon in naher Zukunft höher sein werden als die Mittel, die CIOs zur Verfügung haben. Andere Analysten sagen voraus, dass die IT-Abteilungen zu den Hiwis der Marketingabteilungen degradiert werden. Die Folge davon ist, dass die CEOs die CMOs höher als die CIOs schätzen werden und daher natürlich auch eher dem Ratschlag der Marketingverantwortlichen folgen, selbst wenn die IT-Entscheider zum Beispiel schwere Sicherheitsbedenken bei der Umsetzung von Kampagnen ins Feld führen. Treten diese Prophezeiungen tatsächlich ein, wird eine fruchtbare Kooperation zwischen Marketeers und IT-Spezialisten noch komplizierter. Zu den ohnehin schon bestehenden kulturellen Unterschieden kommt dann noch der Neidfaktor hinzu, der die Gefahr birgt, dass eher gegeneinander als miteinander gearbeitet wird.

(3), (4), (5)

Trends

CDOs sind noch rar gesät

Vielleicht aber setzt sich aus dieser Notwendigkeit der Annäherung von Marketing- und IT-Abteilungen, die durch die innovativen technischen Möglichkeiten der Datenanalyse und ihrer Verwertbarkeit für Marketingkampagnen initiiert wird, flächendeckend auch ein neues Berufsbild durch - und zwar in der Form eines Managers, der in beiden Fachgebieten firm ist. Diesen CDO/CTO - Chief Data Officer/Chief Technical Officer - gibt es zwar schon, er ist bisher allerdings äußerst rar gesät. Dabei wären seine Kenntnisse vor allem in Branchen, die das volle Potenzial der digitalen Revolution noch nicht ausgeschöpft haben, unverzichtbar. Denn die Aufgabe des CDOs/CTOs besteht darin, nicht nur operativ zu handeln, sondern auch strategisch zu denken, um ein tragfähiges Marketingkonzept zu entwickeln, das den Bedingungen der digitalen Welt gerecht wird. Analysten schätzen, dass allein der Handel und die Konsumgüterindustrie während der nächsten beiden Jahre einen Bedarf von 150 bis 200 Führungskräften mit den speziellen Qualifikationen eines CDOs/CTOs entwickeln wird.

Dass ein Bedarf an Fachleuten besteht, die sowohl IT- als auch Marketingkenntnisse mitbringen, liegt also auf der Hand. Die Frage ist allerdings, woher sie kurzfristig kommen sollen. In den angelsächsischen Ländern gibt es sie zwar schon, es wird aber schwer sein, diesen erfahrenen CDOs das Abenteuer Deutschland schmackhaft zu machen, vermuten Analysten. Eine Chance allerdings besteht: Wer sich für eine Stelle mit globaler Verantwortung empfehlen möchte, muss sich zunächst auf europäischer Ebene beweisen. Deutsche Unternehmen sind unter diesem Blickwinkel daher vielleicht tatsächlich eine Option. (4), (6)

Mehr IT-Geld für CMOs

Laut einer Untersuchung der Gartner Inc. werden CMOs schon im Jahr 2017 mehr Geld für die IT zur Verfügung haben als CIOs. (2), (3), (9)

Unaufhaltsamer Aufstieg

Wie wichtig die Position des CDOs im Hinblick auf die strategische Ausrichtung von Unternehmen aller Wahrscheinlichkeit nach werden wird, zeigt eine Vorhersage von Fachleuten. Sie prognostizieren, dass bereits in fünf bis zehn Jahren die Besetzung von CEO-Stellen mit CDOs unausweichlich werden wird. (6)

Fallbeispiele

Eindeutiger Sieger

Fachleute wie Larry Weber, CEO der Weber Group Public Relations Company, und Kathleen Schaub, Vizepräsidentin im CMO Advisory Service des Marktforschungs- und Beratungsunternehmens International Data Corporation (IDC), sind davon überzeugt, dass dem CMO in der Beziehung CMO/CIO in Zukunft die Führungsrolle zufallen wird. Während Weber allerdings den CIO ganz klar in der benachteiligten Rolle sieht und nichts davon zu halten scheint, dass der CMO dem CIO in irgendeiner Weise entgegenkommt, plädiert Schaub zumindest für eine gegenseitige Annäherung, um ein besseres Verständnis füreinander und damit auch eine bessere Zusammenarbeit zu gewährleisten. (5), (8)

Ruhe vor dem Sturm

Glaubt man einer Umfrage, die die IDG Enterprise, eine Tochtergesellschaft der International Data Group (IDG), des Weltmarktführers auf den Gebieten IT-Medien, IT-Research, Konferenzen und Ausstellungen, verantwortet hat, scheint die Welt zwischen CIOs und CMOs bis dato noch in Ordnung zu sein. 82 Prozent der CIOs bezeichneten das Verhältnis entweder als exzellent oder gut, 77 Prozent der CMOs bestätigten dies. 40 Prozent der Erstgenannten waren der Ansicht, dass sich die Beziehung im Laufe des nächsten Jahres noch verbessern werde; von den CMOs glaubten dies 27 Prozent. 14 Prozent der befragten CMOs hielten die CIOs allerdings für Bedenkenträger, die notwendige Maßnahmen verzögerten, während 25 Prozent der CIOs ihre CMO-Kollegen als zu übereilt und unbedacht ("rogue players") in ihren Aktionen bezeichneten. Es ist außerdem fraglich, ob sich das angeblich so gute Verhältnis auch dann noch aufrechterhalten lässt, wenn der CIO im Vergleich mit dem CMO an Einfluss im Unternehmen verliert. (7)

Positive Performance

Einer Studie zufolge, die die Gartner Inc. unter dem Namen "Unlocking the Power of a Great Marketing-IT Relationship" veröffentlicht hat, führt eine produktive Zusammenarbeit zwischen CMO und CIO tatsächlich auch zu positiveren Ergebnissen in der Unternehmensperformance im Allgemeinen. Sie verbessert die Beziehungen zu den Kunden, treibt die Innovation von Produkten voran, optimiert die Geschäftsprozesse und erhöht die Informationsdichte, die nötig ist, um Verbraucher und Wettbewerber besser einschätzen und aufbauend auf diesen Ergebnissen neue Maßnahmen entwickeln zu können. Für ihre Untersuchung hat die Gartner Inc. 2 000 Chief Information Officers befragt. (2)

Weiterführende Literatur

(1) Marketing's symbiotic relationships. EDITOR'S NOTE
aus DM News, United States (DMNEWS) (2013) page 4

(2) The new power couple: the darlings in business today are the CMO and CIO. Only when they partner well will marketing insight truly come to light.
aus DM News, United States (DMNEWS) (2013) page 20

(3) Bittere Bytes
aus Horizont 18 vom 02.05.2013 Seite 012

(4) Big Data, big Confusion?

aus Horizont 13 vom 28.03.2013 Seite 014

(5) CEOs hören mehr auf Marketing-Chefs
aus CIO - IT-Strategie für Manager, Meldung vom 18.10.2013

(6) Dringend gesucht: CDO
aus Horizont 31 vom 01.08.2013 Seite 019

(7) CIOs and CMOs Must Collaborate for Business Results
aus Horizont 31 vom 01.08.2013 Seite 019

(8) Was die anderen sagen Seiten-Spiegel
aus Computerwoche, 14.10.2013, Nr. 42

(9) CRM-Anbietervergleich
aus CIO - IT-Strategie für Manager, Meldung vom 22.07.2013

(10) Maschinen machen Marketing
aus acquisa, Vol. 60, Heft 07-08/2013, S. 14-18

(11) Michael Neidhöfer, Netbiscuits
aus LEAD digital Nr. 21 vom 16.10.2013, S. 6

Impressum

Machtgerangel - Im Kampf um Einfluss wird der CIO gegen den CMO wohl den Kürzeren ziehen

Bibliografische Information der deutschen Nationalbibliothek

Die Deutsche Nationalbibliothek verzeichnet diese Publikation in der deutschen Nationalbibliografie; detaillierte bibliografische Daten sind im Internet über http://dnb.d-nb.de abrufbar.

ISBN: 978-3-7379-0815-3

© 2015 GBI-Genios Deutsche Wirtschaftsdatenbank GmbH, Freischützstraße 96, 81927 München, www.genios.de

Alle Rechte vorbehalten. Dieses Werk ist einschließlich aller seiner Teile – z.B. Texte, Tabellen und Grafiken - urheberrechtlich geschützt. Jede Verwertung außerhalb der Grenzen des Urheberrechtsgesetzes bedarf der vorherigen Zustimmung des Verlags. Dies gilt insbesondere auch für auszugsweise Nachdrucke, fotomechanische

Vervielfältigungen (Fotokopie/Mikroskopie), Übersetzungen, Auswertungen durch Datenbanken oder ähnliche Einrichtungen und die Einspeicherung und Verarbeitung in elektronischen Systemen.